Para esta edición,
todos los derechos reservados según la Ley.
Primera edición: Noviembre 2010

© Libros para niños
© Texto: Ernesto Cardenal
© Diseño e ilustraciones: Vicky Ramos
Cuido de Edición: Gabriela Tellería Picón

Impreso: Printex
Tiraje: 2100 ejemplares

Con el apoyo de la Real Embajada de Noruega en Nicaragua

Epigramas

Ernesto Cardenal

ilustraciones de Vicky Ramos

...pero no te escaparás de mis yambos...

Catulo

*T*e doy, Claudia, estos versos, porque tú eres su dueña.

Los he escrito sencillos para que tú los entiendas.

Son para ti solamente, pero si a ti no te interesan,

un día se divulgarán tal vez por toda Hispanoamérica…

Y si al amor que los dictó, tú también lo desprecias,

otras soñarán con este amor que no fue para ellas.

Y tal vez verás, Claudia, que estos poemas,

(escritos para conquistarte a ti) despiertan

en otras parejas enamoradas que los lean

los besos que en ti no despertó el poeta.

Cuídate, Claudia, cuando estés conmigo,

porque el gesto más leve, cualquier palabra, un suspiro

de Claudia, el menor descuido,

tal vez un día lo examinen eruditos,

y este baile de Claudia se recuerde por siglos.

Claudia, ya te lo aviso.

De estos cines, Claudia, de estas fiestas,

de estas carreras de caballos,

no quedará nada para la posteridad

sino los versos de Ernesto Cardenal para Claudia

    (si acaso)

y el nombre de Claudia que yo puse en esos versos

y los de mis rivales, si es que yo decido rescatarlos

del olvido, y los incluyo también en mis versos

para ridiculizarlos.

Otros podrán ganar mucho dinero

pero yo he sacrificado ese dinero

por escribirte estos cantos a ti

o a otra que cantaré en vez de ti

o a nadie.

pero a ti no te amarán

*A*l perderte yo a ti tú y yo hemos perdido:

yo porque tú eras lo que yo más amaba

y tú porque yo era el que te amaba más.

Pero de nosotros dos tú pierdes más que yo:

porque yo podré amar a otras como te amaba a ti

pero a ti no te amarán como te amaba yo.

Muchachas que algún día leáis emocionadas estos versos
y soñéis con un poeta:
sabed que yo los hice para una como vosotras
y que fue en vano.

Ésta será mi venganza:
Que un día llegue a tus manos el libro de un poeta famoso
y leas estas líneas que el autor escribió para ti
y tú no lo sepas.

*M*e contaron que estabas enamorada de otro

y entonces me fui a mi cuarto

y escribí ese artículo contra el Gobierno

por el que estoy preso.

*E*lla fue vendida a Kelly & Martínez Cía. Ltda.,

y muchos le enviarán regalos de plata,

y otros le enviarán regalos de electroplata,

y su antiguo enamorado le envía este epigrama.

*T*ú que estás orgullosa de mis versos
pero no porque yo los escribí
sino porque los inspirastes tú
y a pesar de que fueron contra ti:

Tú pudistes inspirar mejor poesía.
Tú pudistes inspirar mejor poesía.

*Y*o he repartido papeletas clandestinas,
gritando: ¡VIVA LA LIBERTAD! en plena calle
desafiando a los guardias armados.
Yo participé en la rebelión de abril:
pero palidezco cuando paso por tu casa
y tu sola mirada me hace temblar.

*R*ecibe estas rosas costarricenses,
Myriam, con estos versos de amor:
mis versos te recordarán que los rostros
de las rosas se parecen al tuyo; las rosas
te recordarán que hay que cortar el amor,
y que tu rostro pasará como Grecia y Roma.
Cuando no haya más amor ni rosas de Costa Rica
recordarás, Myriam, esta triste canción.

*I*mitación de Propercio

Yo no canto la defensa de Stalingrado

ni la campaña de Egipto

ni el desembarco de Sicilia

ni la cruzada de Rhin del general Eisenhower.

Yo sólo canto la conquista de una muchacha.

Ni con las joyas de la joyería Morlock

ni con perfumes de Dreyfus

ni con orquídeas dentro de su caja de mica

ni con cadillac

sino solamente con mis poemas la conquisté.

Y ella me prefiere, aunque soy pobre, a todos los

   millones de Somoza.

*T*ú has trabajado veinte años

para reunir veinte millones de pesos,

pero nosotros daríamos veinte millones de pesos

para no trabajar como tú has trabajado.

*T*ú no mereces siquiera un epigrama.

*T*odavía recuerdo aquella calle de faroles amarillos,
con aquella luna llena entre los alambres eléctricos,
y aquella estrella en la esquina, una radio lejana,
la torre de La Merced que daba aquellas once:
y la luz de oro de tu puerta abierta, en esa calle.

*N*uestro amor nació en mayo con malinches en flor

- cuando están en flor los malinches en Managua-.

Sólo ese mes dan flores: en los demás dan vainas.

Pero los malinches volverán a florecer en mayo

y el amor que se fue ya no volverá otra vez.

*D*e pronto suena en la noche una sirena

de alarma, larga, larga,

el aullido lúgubre de la sirena

de incendio o de la ambulancia blanca de la muerte,

como el grito de la cegua en la noche,

que se acerca y se acerca sobre las calles

y las casas y sube, sube, y baja

y crece, crece, baja y se aleja

creciendo y bajando. No es incendio ni muerte:

                              Es Somoza que pasa.

*S*e oyeron unos tiros anoche.

Se oyeron del lado del Cementerio.

Nadie sabe a quién mataron, o los mataron.

Nadie sabe nada.

Se oyeron unos tiros anoche.

Eso es todo.

*T*ú eres sola entre las multitudes
como son sola la luna
y solo el sol en el cielo.

Ayer estabas en el estadio
en medio de miles de gentes
y te divisé desde que entré
igual que si hubieras estado sola
en un estadio vacío.

*S*i tú estás en Nueva York
en Nueva York no hay nadie más
y si no estás en Nueva York
en Nueva York no hay nadie.

$\mathcal{P}$ero en la noche vos tu arroz y tus frijoles fritos,

con una cuajada fresca, y una tortilla caliente,

o un platano asado,

             los comés sin guardaespaldas.

Y tu jícara de tiste no la prueba primero un ayudante.

Y después tocás si querés en tu guitarra una canción ranchera,

y no dormís rodeado de reflectores y alambradas y torreones.

$\mathcal{T}$us ojos son una luna que riela en una laguna negra

y tu pelo las olas negras bajo el cielo sin luna

y el vuelo de la lechuza en la noche negra.

*A*yer te vi en la calle, Myriam, y

te vi tan bella, Myriam, que

(¡Cómo te explico qué bella te vi!)

Ni tú, Myriam, te puedes ver tan bella ni

imaginar que puedas ser tan bella para mí.

Y tan bella te vi que me parece que

ninguna mujer es más bella que tú

ni ningún enamorado ve ninguna mujer

tan bella, Myriam, como yo te veo a ti

y ni tú misma, Myriam, eres quizás tan bella

¡porque no puede ser real tanta belleza!

que como yo te vi de bella ayer en la calle,

o como hoy me parece, Myriam, que te vi.

Recuerda tantas muchachas bellas que han existido.
todas las bellezas de Troya, y las de Acaya,
y las de Tebas, y de la Roma de Propercio.
Y muchas de ellas dejaron pasar el amor,
y murieron, y hace siglos que no existen.
Tú que eres bella ahora en las calles de Managua,
un día serás como ellas de un tiempo lejano,
cuando las gasolineras sean ruinas románticas.

¡Acuérdate de las bellezas de las calles de Troya!

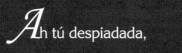

*A*h tú despiadada,

más cruel que Tachito.

*H*ay un lugar junto a la laguna de Tiscapa

-un banco debajo de un árbol de quelite-

que tú conoces (aquella a quien escribo

estos versos, sabrá que son para ella).

Y tú recuerdas aquel banco y aquel quelite:

la luna reflejada en la laguna de Tiscapa,

las luces del palacio del dictador,

las ranas cantando abajo en la laguna.

Todavía está aquel árbol de quelite;

todavía brillan las mismas luces;

en la laguna de Tiscapa se refleja la luna;

pero aquel banco esta noche estará vacío,

o con otra pareja que no somos nosotros.

$\mathcal{M}$i gatita tierna, mi gatita tierna

¡Cómo estremecen a mi gatita tierna

mis caricias en su cara y su cuello

y vuestros asesinatos y torturas!

En Costa Rica cantan los carreteros.
Caminan con mandolinas en los caminos.
Y las carretas van pintadas como lapas,
y los bueyes van con cintas de colores
y campanitas y flores en los cuernos.

Cuando es el corte de café en Costa Rica,
y las carretas van cargadas de café.

Y hay bandas en las plazas de los pueblos,
y en San José los balcones y ventanas
están llenos de muchachas y de flores.
Y las muchachas dan vueltas en el parque.
Y el presidente camina a pie en San José.

Epitafio para la tumba de Adolfo Báez Bone

Te mataron y no nos dijeron dónde enterraron tu cuerpo,
pero desde entonces todo el territorio nacional es tu
sepulcro;
o más bien: en cada palmo del territorio nacional en que
no está tu cuerpo, tú resucitaste.

Creyeron que te mataban con una orden de ¡fuego!
Creyeron que te enterraban
y lo que hacían era enterrar una semilla.

Somoza desveliza la estatua de Somoza en el estadio Somoza

No es que yo crea que el pueblo me erigió esta estatua
porque yo sé mejor que vosotros que la ordené yo mismo.
Ni tampoco que pretenda pasar con ella a la posteridad
porque yo sé que el pueblo la derribará un día.
Ni que haya querido erigirme a mi mismo en vida
el monumento que muerto no me erigiréis vosotros:
sino que erigí esta estatua porque sé que la odiáis.

*T*odas las tardes paseaba con su madre por la Landstrasse
y en la esquina de la Schmiedtor, todas las tardes,
estaba Hitler esperándola, para verla pasar.
Los taxis y los ómnibus iban llenos de besos
y los novios alquilaban botes en el Danubio.
Pero él no sabía bailar. Nunca se atrevió a hablarle.
Después pasaba sin su madre, con un cadete.
Y después no volvió a pasar.
De ahí más tarde la Gestapo, la anexión de Austria,
la Guerra Mundial.

*E*pitafio para Joaquin Pasos

Aquí pasaba a pie por estas calles, sin empleo ni puesto
y sin un peso.
Sólo poetas, putas y picados conocieron sus versos.
Nunca estuvo en el extranjero.
Estuvo preso.
Ahora está muerto.
No tiene ningún monumento.

               Pero,

recordadle cuando tengáis puentes de concreto,
grandes turbinas, tractores, plateados graneros,
buenos gobiernos.
Porque él purificó en sus poemas el lenguaje de su pueblo
en el que un día se escribirán los tratados de comercio,
la Constitución, las cartas de amor, y los decretos.

La Guardia Nacional anda buscando a un hombre.

Un hombre espera esta noche llegar a la frontera.

El nombre de ese hombre no se sabe.

Hay muchos hombres más enterrados en una zanja.

El número y el nombre de esos hombres no se sabe.

Ni se sabe el lugar ni el número de las zanjas.

La Guardia nacional anda buscando a un hombre.

Un hombre espera esta noche salir de Nicaragua.

Nuestros poemas seguirán siendo leídos, seguirán siendo leídos leídos

*N*uestros poemas no se pueden publicar todavía.

Circulan de mano en mano, manuscritos,

o copiados en mimeógrafo. Pero un día

se olvidará el nombre del dictador

contra el que fueron escritos,

y seguirán siendo leídos.

*T*al vez nos casemos este año,
amor mío, y tengamos una casita.
Y tal vez se publique mi libro,
o nos vayamos los dos al extranjero.
Tal vez caiga Somoza, amor mío.

(*C*anción de muchacha)

¡Mi pelo largo! ¡Mi pelo largo!
Querías tu muchacha con el pelo largo.
Ya lo tengo debajo de los hombros
y no esperaste mi pelo largo.

*C*rees que esta esquina de la vendedora de guayabas
donde vos me encontrastes con terror y con júbilo
(aunque sólo demostraste palidez y silencio)
la borrarán Los Angeles, Les Champs- Elysées?

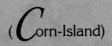
(*C*orn-Island)

El agua de South West Bay es más azul que el cielo
Pero tus ojos son más azules que South West Bay

y la cueva de Brig Bay hay un tesoro de pirata,
pero tu cabellera vale más que el tesoro de Brig Bay.

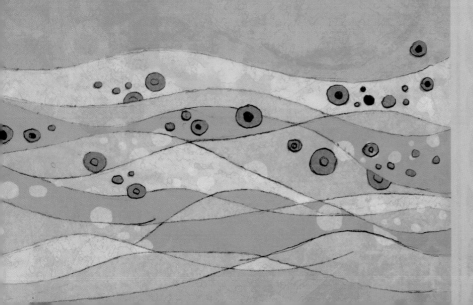

*H*an llegado ya las lluvias de mayo,
han vuelto a florecer los malinches colorados
y el camino del Diriá está alegre lleno de charcos:

pero ya vos no estás conmigo.

*N*o has leído, amor mío, en Novedades:
CENTINELA DE LA PAZ, GENIO DEL TRABAJO
PALADIN DE LA DEMOCRACIA EN AMERICA
DEFENSOR DEL CATOLICISMO EN AMERICA
EL PROTECTOR DEL PUEBLO
                    EL BENEFACTOR...?
Le saquean al pueblo su lenguaje.
Y falsifican las palabras del pueblo.
(Exactamente como el dinero del pueblo.)
Por eso los poetas pulimos tanto un poema.
Y por eso son importantes mis poemas de amor.

*U*no se despierta con cañonazos
en la mañana llena de aviones.
Pareciera que fuera revolución:
pero es el cumpleaños del tirano.

*I*leana: la Galaxia de Andrómeda,

a 700,000 años luz,

que se puede mirar a simple vista en una noche clara,

está más cerca que tú.

Otros ojos solitarios estarán mirándome desde Andrómeda,

en la noche de ellos. Yo a ti no te veo.

Ileana: la distancia es tiempo, y el tiempo vuela.

A 200 millones de millas por hora el universo

se está expandiendo hacia la Nada.

Y tú estás lejos de mí como a millones de años.

*S*uena como una música la lluvia
afuera en los charcos del patio
y las sábanas están frescas
pero tú no estás en mi cama.

*S*i cuando fue la rebelión de abril
me hubieran matado con ellos
yo no te habría conocido:
y si ahora hubiera sido la rebelión de abril
me hubieran matado con ellos.

*C*uando los dorados corteses florecieron
nosotros dos estábamos enamorados.
Todavía tienen flores los corteses
y nosotros ya somos dos extraños.

Las pesadas gotas parecen
pasos subiendo la grada
y el viento golpeando la puerta
una mujer que va a entrar.

*V*iniste a visitarme en sueños
pero el vacío que dejastes cuando te fuiste
fue realidad.

*L*a persona más próxima a mí
eres tú, a la que sin embargo
no veo desde hace tanto tiempo
más que en sueños.

Muchachas que algún día leáis emocionadas estos versos

y soñéis con un poeta:

sabed que yo los hice para una como vosotras

y que fue en vano.

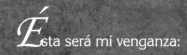

*É*sta será mi venganza:

Que un día llegue a tus manos el libro de un poeta famoso

y leas estas líneas que el autor escribió para ti

y tú no lo sepas.

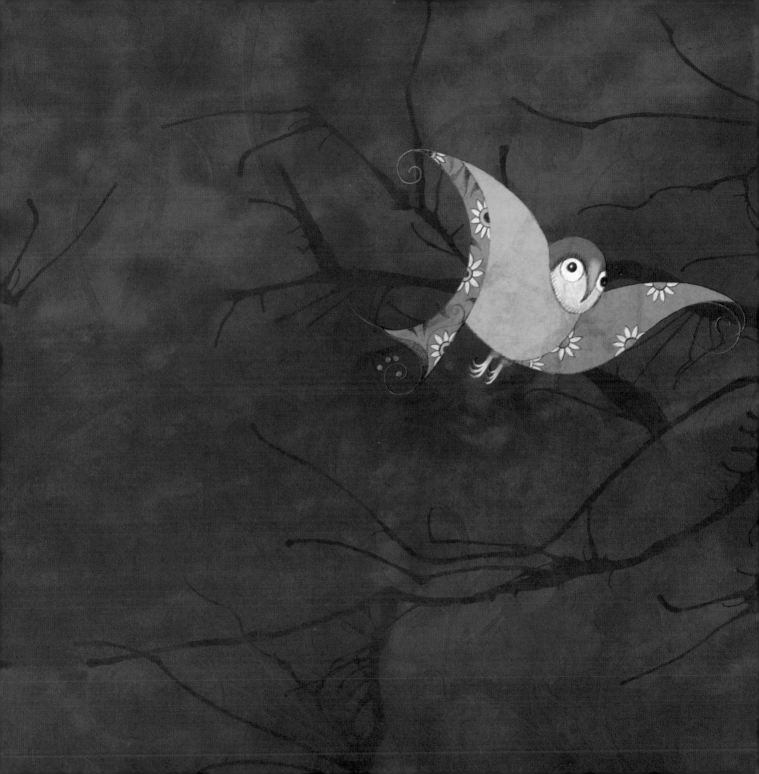

*H*as oído gritar de noche al oso-caballo

oo-oo-oo-oo

o al coyote-solo en la noche de luna

uuuuuuuuuuuuuú?

Pues eso mismo son estos versos.

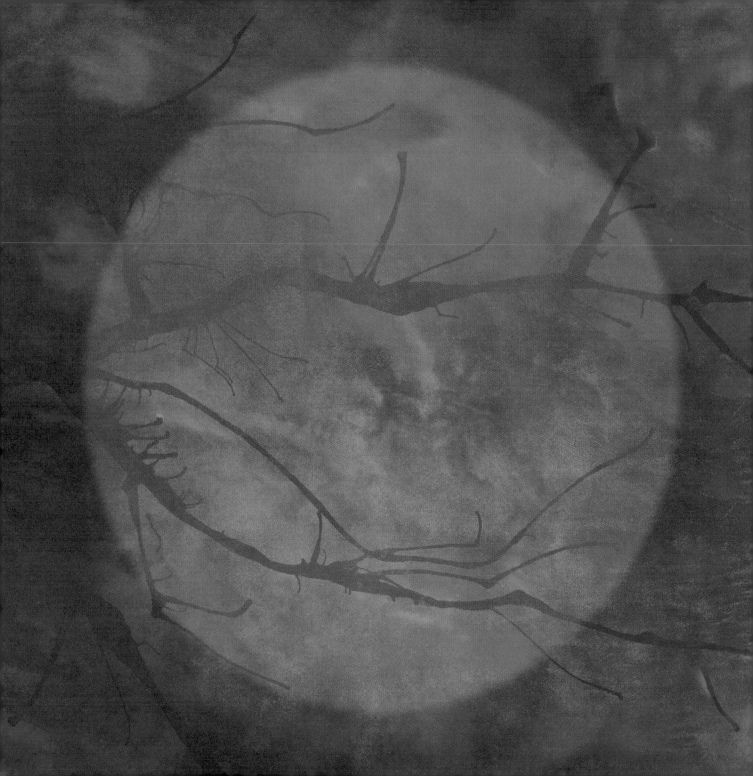

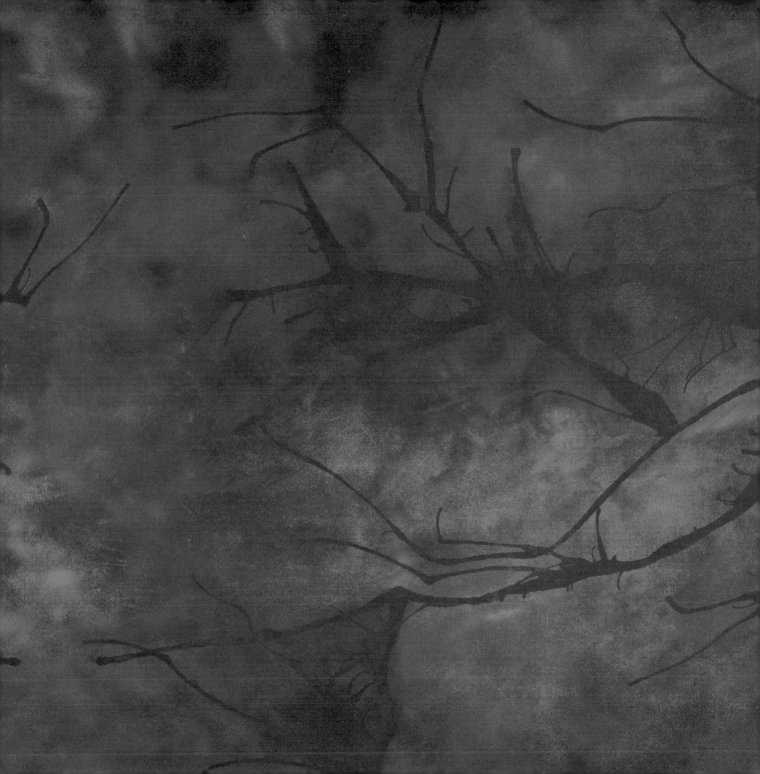

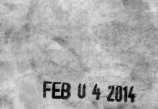